VICOMTE DE BORRELLI

ALAIN CHARTIER

UN ACTE EN VERS HÉROÏQUES

Représenté pour la première fois sur la scène du Théâtre-Français le 20 Mai 1889.

PRÉFACE PAR M. ALEXANDRE DUMAS

PARIS

ALPHONSE LEMERRE, ÉDITEUR

23-31, PASSAGE CHOISEUL, 23-31

M DCCC LXXXIX

ALAIN CHARTIER

UN ACTE EN VERS HÉROÏQUES

IL A ÉTÉ TIRÉ DE CET OUVRAGE :

4 exemplaires sur papier de Chine.

6 — — du Japon.

VICOMTE DE BORRELLI

ALAIN CHARTIER

UN ACTE EN VERS HÉROÏQUES

Représenté pour la première fois sur la scène du Théâtre-Français le 20 Mai 1889.

PRÉFACE PAR M. ALEXANDRE DUMAS

PARIS

ALPHONSE LEMERRE, ÉDITEUR

23-31, PASSAGE CHOISEUL, 23-31

M DCCC LXXXIX

PRÉFACE

EN 1885, *le sujet de poésie proposé par l'Académie française était :* — Sursum corda. *Ce sujet devait être traité en trois cents vers au plus. Les noms des concurrents ne nous sont pas donnés. Chacun des auteurs met son nom dans une enveloppe cachetée annexée à la première page de son manuscrit. Cette enveloppe porte une devise extérieure, et, au fur et à mesure de leur arrivée, les poèmes sont numérotés par le chef du secrétariat. Quand nous décernons le prix à un de ces poèmes, nous couronnons donc une*

devise et un numéro. Le directeur de l'Académie brise alors le cachet de l'enveloppe et le nom du lauréat nous est révélé. Quelquefois des amis zélés ou des parents nous écrivent pour nous recommander un numéro et une devise. Cette recommandation ne sert jamais à rien. La commission fait très consciencieusement son devoir et ce devoir ne lui est pas difficile. Il faut quelquefois lire plusieurs pages d'un livre en prose pour savoir si l'on a affaire à un véritable écrivain, il suffit de quatre vers pour savoir si l'on a devant soi un véritable poète. L'épithète, la rime, le nombre vous renseignent tout de suite. Sur deux cents pièces envoyées au concours, dix, au plus, est-il besoin de le dire, valent la peine d'être lues.

Je faisais partie de la commission. Je tombai sur une pièce dont la physionomie extérieure me frappa tout d'abord. Mes yeux furent séduits tout de suite par le dessin des caractères. Toutes mes fibres de graphologue tressaillirent d'aise et de pressentiment, tant ce manuscrit avait, avant qu'on en lût un seul mot, une allure crâne, fière, individuelle. Pas plus de cent trente à cent quarante vers, divisés en groupes de cinq vers avec une rime triplée. Toujours le même espace entre les strophes. De grandes marges bien aérées où la pensée du poète respirait à l'aise. Une écriture claire, élégante, robuste, courant droit devant elle, comme pour atteindre ou même enfoncer quelque chose; chaque strophe semblable à un escadron, faisant, pour ainsi dire, sonner le papier sous son galop régulier et bien d'ensemble; chaque mot bien à son rang; les majuscules, les t, *les* l *dépassant les lignes à la hauteur voulue et brillant comme des lames d'épées ou des fers de lances; de grands accents, aigus, graves, circonflexes, flottant dans les intervalles, semblables à des crinières de chevaux ou à des banderoles d'oriflammes; bref, une véritable charge de cavalerie, les mots droits sur leurs étriers, casques en avant, sabres au clair, cuirasses au soleil. Jamais je n'avais vu une écriture plus colorée, en même temps plus disciplinée et plus héroïque. « Si l'homme qui a cette écriture fait de mauvais « vers, me dis-je, je vais avoir un grand étonnement. »*

Je lus la première strophe :

Non loin de Raphidim, lieu hanté des grands fauves
Où le roc effrité vibre dans l'air en feu,
Tout un peuple en exode et que menait son Dieu,
Sous le vol tournoyant des gypaètes chauves,
Dormait d'un sommeil lourd, — et rêvait au Nil bleu.

Que disais-je tout à l'heure? On n'a pas besoin de lire plus de quatre vers pour savoir si l'on a devant soi un véritable poète. Après cette première strophe, je savais donc à quoi m'en tenir, et je continuai ma lecture lentement pour ne pas arriver trop vite à la fin d'une jouissance assurée. Pas un écart, pas une défaillance de rythme, d'image, de pensée dans les vingt-six strophes suivantes. J'annonçai ma découverte à mes confrères; je donnai lecture de ce petit poème; on vota. Mon poète (car je le considérais déjà comme à moi, l'ayant découvert) obtint le prix; le directeur rompit le cachet de l'enveloppe, et proclama le nom du vicomte de Borrelli que personne de nous ne connaissait, et qui était alors au Tonkin.

A son retour, le lauréat vint me voir, et, depuis cette époque, me fit l'honneur et l'amitié de me communiquer, avant de le publier, tout ce qu'il écrivait. C'est ainsi que je fus des premiers à lire cette ode magnifique et touchante : Légion étrangère, *dont chaque vers donne un battement de plus au cœur ou fait venir une larme aux yeux, et qui, avec* Sursum corda, *a pris place dans le volume de vers auquel l'auteur a donné le nom de* Rana, *la mère des Ondines, l'Amphitrite du Nord.*

*Quand Monsieur de Borrelli a eu écrit la pièce d'*Alain Chartier, *il me l'a envoyée en me demandant si je croyais qu'elle pût être reçue et représentée au Théâtre français. Cette fois, il n'était plus au Tonkin, il n'était qu'en Afrique. Je lus* Alain Chartier, *et mon impression fut telle que je portai immédiatement le manuscrit à l'administrateur de la Comédie française.*

Claretie eut la même impression que moi ; la lecture devant le comité fut fixée à quelques jours de là, pour donner le temps à l'auteur de demander un congé et de revenir de Constantine. Monsieur de Borrelli enjamba la Méditerranée, lut sa pièce aux sociétaires ; elle fut reçue à l'unanimité, répétée et représentée avec le succès le plus éclatant et le plus légitime. J'écris cette phrase bien avant la représentation, mais il y a des occasions d'être bon prophète qu'il ne faut pas laisser échapper. J'entends d'avance les applaudissements du public français devant ces beaux vers d'une forme si pure, d'une grâce si noble, d'un patriotisme si entraînant.

Aujourd'hui Monsieur de Borrelli me prie de le présenter au public. Il se présente si bien de lui-même que ma tâche est facile, et la chose serait faite comme elle doit l'être, s'il m'était permis d'ajouter que le vicomte de Borrelli est non seulement un poète de premier ordre, mais un soldat du premier mérite, en même temps qu'un gentilhomme de première marque; qu'il a hérité ainsi de la plume et de l'épée d'Agrippa d'Aubigné, et que Henri IV pourrait l'appeler son ami sans que l'ingratitude du roi altérât jamais la fidélité du capitaine; qu'il fait la guerre depuis près de trente ans, depuis sa sortie de Saint-Cyr, en Afrique, en Italie, au Tonkin, et que la rosette qu'il porte est bien de la couleur de son sang. Malheureusement Monsieur de Borrelli est modeste; il ne veut être ici qu'un homme de lettres, et il me prie de ne pas parler de ces choses-là. Alors je n'en parle pas.

ALEXANDRE DUMAS FILS.

A

MONSIEUR ALEXANDRE DUMAS

De l'Académie française

Très affectueusement, très respectueusement.

BORRELLI.

PERSONNAGES

MARGUERITE, Dauphine, 18 ans	Mlles BARTET
AGNÈS SOREL, Dame de Beauté, 34 ans. . . .	LEGAULT
ALAIN CHARTIER, 57 ans	M. MOUNET-SULLY

La scène se passe à Paris, en 1443, sous Charles VII.

ALAIN CHARTIER

Une salle du Louvre de Charles V. Tentures et ornements aux écussons couplés des Dauphins de France et des Stuarts. Portes dans la boiserie à droite et à gauche. Grande baie drapée au fond, s'ouvrant sur une galerie de dégagement. A la gauche du spectateur et au premier plan, une longue table près de laquelle est un fauteuil à dais, de bois sculpté. Sur la table, un timbre. A droite et au même plan, parallèlement au mur et à quelque distance, un banc à dossier muni de coussins. Escabeaux et coffres du temps.

SCÈNE PREMIÈRE

MARGUERITE, AGNÈS. *Au lever du rideau, Marguerite est assise dans le grand fauteuil à dais, ayant Agnès debout auprès d'elle. La Dauphine parcourt des yeux un parchemin. Sa lecture terminée, elle hausse légèrement les épaules, et jette le pli sur la table d'un air d'ennui et de désappointement.*

AGNÈS.

Je vois que maître Alain n'a guère su vous plaire,
Madame?

MARGUERITE, *boudeuse*.

Il s'en faut même! Et votre protégé,
S'il veut quitter la Cour, aura notre congé.
Contre lui, contre moi je suis toute colère:
Il ne m'a pas comprise, — et je l'ai mal jugé.

AGNÈS.

Puis-je espérer savoir, au moins, quel est son crime?

MARGUERITE.

Certes; et vous, Agnès, en pleine bonne foi,
Si véritablement j'ai tort, dites-le-moi.
Nul mieux qu'Alain Chartier ne cisèle la rime.
Or, à Paris, ce soir, venant de Saint-Denis,
Le Dauphin doit rentrer. Par lui-même menée,
Cette campagne est close, et, de toute une année,
Pour la première fois nous serons réunis.
Mon Louis s'est couvert d'honneur: la Picardie
Arrachée aux Anglais; une pointe hardie
Sur le pays Normand, sauvant Dieppe assiégé,
Rendraient l'espoir au cœur le plus découragé.
Bien que, — pour on ne sait quelle cause secrète,
Et des propos méchants en ont couru tout bas, —
Alain semble songer à faire la retraite,
Vous l'avez de ma part adjuré, n'est-ce pas,
D'ouvrer quelques grands vers qui sonnent la victoire
Et fêtent ce retour d'un peu de jeune gloire?

AGNÈS.

Oui, Madame.

MARGUERITE, *montrant du doigt le parchemin.*

Et pourtant, là, sous ce pli fermé,
Au lieu du fier poème attendu, réclamé,
D'un hymne jaillissant, tout armé, de son âme,
Je trouve..., devinez?

AGNÈS.

Qu'est-ce?

MARGUERITE, *se levant.*

Un épithalame
Dans le goût de Pétrarque et des Italiens!
Ce qu'on nomme Outre-monts un sonnet! moi, pédante.
A défaut de l'ampleur des chants Virgiliens,
Je dis qu'il eût mieux fait de nous rappeler Dante.

AGNÈS.

Le sonnet est mauvais, Madame?

MARGUERITE.

Jugez-en;
Ce sont là, s'il en fut, rimes de courtisan:
Des mots,... et puis des mots. — Lisez.

AGNÈS.

Lisez vous-même ;
Oubliez de ces vers le poète et le thème,
Et ne les dites pas trop mal, — exprès ; nos yeux
En condamnent souvent que la voix défend mieux.

MARGUERITE, *reprenant le parchemin.*

Allons, ainsi soit-il ! — La chose s'intitule
« Sous les lis, » — et le titre est déjà ridicule !

Lisant.

« *Sous les lis, les grands lis, par l'arrêt du destin,*
« *La Princesse dormait son long sommeil magique ;*
« *Les clochettes d'azur, de leur douce musique,*
« *La berçaient tout le jour, et du soir au matin.*

« *Elle rêvait d'un Prince ! Et leur timbre argentin*
« *Chantait avec son âme en phrase mélodique ;*
« *Et le songe avivait son visage mutin*
« *D'un petit ton rosé plein de grâce pudique.*

« — *Et voilà que, vainqueur des mauvais sorts divers,*
« *Déjouant les périls ou passant à travers,*
« *Le beau Prince apparut, à cheval, dans l'aurore !*

« *Et la brise agita les grands lis doucement ;*
« *Et son souffle éveilla « La Belle-aux-lys-dormant : »*
« *Tout bas, les fleurs chantaient pour la bercer encore...* »

Un temps.

Qu'en dites-vous?

AGNÈS.

Cela me plaît infiniment;
Vous m'en voyez honteuse! — Une simple remarque:
Il se peut que ce soit dans le goût de Pétrarque,
— Et dès lors ce goût-là n'est pas trop malheureux; —
Mais c'est bien dans celui de tous les amoureux;
Je l'affirme, et je crois m'y connaître; de sorte
Que j'y mets des trésors d'indulgence! Au surplus,
Les commentaires sont, pour le moins, superflus;
Qu'il s'agisse d'un style ou d'un autre, il n'importe:
C'est à refaire. — Alain m'attend à votre porte,
Espérant, — pauvre ami! — quelque remercîment;
Quand il saura par moi sa méprise...

MARGUERITE, *l'interrompant.*

Ah! vraiment!
Il est là?

Elle frappe sur le timbre placé sur la table : un serviteur paraît à la porte de gauche.

Que l'on dise à maître Alain qu'il vienne!

Un grand silence.

SCENE II

MARGUERITE. AGNES. ALAIN. *Alain entre par la porte du fond, s'incline, et se redresse dans une attitude respectueuse.*

MARGUERITE.

J'ai voulu vous parler, maître ; c'est hasardeux,
Je le sais ; mais il faut nous expliquer tous deux ;
Et, si mal en advient, la faute sera mienne.
Quoique Madame Agnès montre quelque plaisir
De ces vers apportés tout à l'heure par elle,
Je ne puis cependant ne pas chercher querelle
A qui, pouvant le suivre, a trompé mon désir.
Agnès vous avait bien exprimé ma pensée ?

ALAIN.

Oui, Madame.

MARGUERITE.

A vous seul je dois donc en vouloir ?

ALAIN.

N'en veuillez qu'à moi seul.

MARGUERITE.

Quelle raison sensée
Allez-vous essayer de nous faire valoir?
Quand je vous demandais le chant de la Revanche,
Il n'était nul besoin, — j'ai promis d'être franche, —
De quatrains et tercets soigneusement polis
Pour me parler de moi, non plus que des grands lis.
J'avais quelque douze ans, quand, Dauphine précoce,
Je les écartelai du chardon vert d'Écosse,
Apportant, comme en dot, à mes futurs sujets,
La haine des Stuarts pour les Plantagenets;
Mais, depuis ma venue en ce pays que j'aime,
Où le vœu d'une femme est un ordre suprême,
Rien ne m'avait été jusqu'ici refusé.
Donnez-nous votre excuse; elle est prête sans doute?

AGNÈS, *à Alain.*

De haute trahison vous êtes accusé,
Ni plus, ni moins. Allons, parlez : on vous écoute.

ALAIN, *sombre.*

Le pire des malheurs est d'avoir trop vécu :
Je suis presque un vieillard, et je suis un vaincu.
Lorsqu'on a vu de près ce que c'est que la guerre,
Et que l'on n'est plus jeune, — on ne la chante guère!

AGNÈS.

Le plaidoyer n'est pas sans mérite : il est court.

MARGUERITE.

On m'avait assuré que vous étiez l'élève
De Charles d'Orléans, le héros d'Azincourt :
Il chante encore, lui.

ALAIN, *d'une voix d'abord très contenue, qui s'anime peu à peu.*

Dieu lui garde son rêve!
Il n'a pas vu ce qui ne se raconte pas!
Pris vivant, mais tout chaud du sang de la bataille,
Rien n'a rapetissé son renom ni sa taille;
Les fers qu'il a portés sont beaux comme un trépas!
Il a vu la défaite et non pas la déroute,
Ces jours noirs, où, lassés d'inutiles efforts,
Les plus braves, devant l'immense banqueroute,
Enviaient les captifs et jalousaient les morts!
— O Charles d'Orléans, mon bon duc et mon maître,
Roi de nos cours d'amour, fleur de nos chevaliers,
Vous qui, — plus de vingt ans! — par l'étroite fenêtre
D'une Tour, où vos vers se gravaient aux piliers,
Vîtes le ciel anglais, que nul rayon n'essuie,
Garder « son lourd manteau de froidure et de pluie, »
Dire que vous étiez moins que nous malheureux!

MARGUERITE.

Oui, l'on a bien souffert!

ALAIN, *s'animant de plus en plus.*

Ah! tenez, c'est affreux!

Penser qu'on est les fils du vrai pays de gloire,
Et fuir, abandonner Paris, passer la Loire,
Lutter quand même encore, et s'avouer tout bas
Que l'on n'est pas de force, et que l'on ne peut pas!
Sentir autour de soi, sur soi, partout, dans l'ombre,
Des gens ayant pour eux la Fortune et le nombre;
Reculer aujourd'hui comme hier, pour demain,
Sans doute, reculer après quelque tuerie;
Et, par lambeaux, les pieds saignants, l'âme meurtrie,
Roulant l'un après l'autre au fossé du chemin,
Lâcher à chaque pas un peu de la Patrie!

AGNÈS.

Mais, Jeanne?

MARGUERITE.

D'un seul mot, la Dame de Beauté
Nous rappelle qu'il est des sujets de fierté.
Aux sombres souvenirs vous êtes trop fidèle,
Alain; Jeanne eut son tour aussi : parlez-moi d'elle,
Des voix qu'elle entendait; dites-moi, dites-nous
Tout ce que vous savez de la bonne Lorraine.
C'est elle, en Paradis, que je prie à genoux
De m'aider, — si jamais Dieu veut que je sois reine, —
Et je compte bien faire en sorte, sur ma foi,
Que Jeanne, ce jour-là, soit contente de moi!

ALAIN.

Avait-elle vraiment des visions étranges?

Je l'ai cru, je le crois comme tout cœur français ;
Elle seule écouta ce qu'ordonnaient les anges,
Et je dis simplement les choses que je sais.
Je sais que j'ai subi, moi si vain de ma lyre,
Le charme d'une enfant qui ne savait pas lire,
Et que j'ai laissé là mes rimes et mes chants
Pour me faire soldat et pour courir les champs.
Je sais qu'à son appel, lorsque par le royaume
Elle allait chevauchant, bannière en main, sans heaume,
— Nu-tête, mais ayant une auréole au front ! —
Tous tant que nous étions, entraînés pêle-mêle,
Effaçant d'un seul coup l'inoubliable affront,
Nous suivions, sans jamais rompre d'une semelle,
Son bon courtaud de guerre, — un paysan comme elle !

Ah ! le digne Français que ce brave cheval !
Droit aux Anglais. toujours, par le mont et le val
Il poussait, aux naseaux ayant deux jets de flamme :
Il ne se pouvait pas qu'il lui manquât une âme !
Eussions nous peu de monde, et l'ennemi beaucoup,
Il allait son chemin, la bride sur le cou.
Son pas rythmé scandait la marche vengeresse
Mieux que tous les clairons et que tous les tambours ;
Et. — comme s'il n'eût fait que changer de labours, —
En vaillant tâcheron, sagement et sans presse,
Il faisait sa besogne, et broyait du sabot
Les hommes de Bedford et les gens de Talbot.
C'est qu'il était pesant, le bon cheval de Jeanne !

Quand, luisant au soleil en terrible attirail,
De la pourpre au harnais, du sang à la balzane,
Il éventrait les rangs d'un heurt de son poitrail,
On eût dit le sillon que fouille et que chavire
Le soc d'une charrue ou l'avant d'un navire!
— Et puis, figurez-vous, bien droite sur l'arçon,
Une étonnante fille en habits de garçon! —
Derrière eux, La Trémoïlle, et La Hire, et Xaintrailles
Venaient, élargissant le sillage vainqueur;
Et des frissons sacrés vous prenaient aux entrailles
A voir aller ainsi la Jeanne des batailles
L'épée au poing, l'éclair aux yeux, — la France au cœur!

MARGUERITE, *à part.*

O Jeanne!

ALAIN.

Le bon duc se meurt, et Jeanne est morte.
Ce que mes yeux jadis ont vu de noble et beau
S'en va; je m'en irai bientôt, mais que m'importe?
D'ailleurs, le vrai silence est celui du tombeau!
Si je vous dis cela, c'est que j'ai quelque honte
De remuer ainsi les deuils que je raconte;
Quand, forçant à s'ouvrir mon cœur que je fermais,
Vous avez évoqué les êtres que j'aimais,
Vous m'avez fait manquer à la pudeur suprême
Dont je m'étais juré le respect à moi-même:
Toujours m'en souvenir, — et n'en parler jamais!

MARGUERITE, *avec enthousiasme.*

Vengez-les donc, au moins! Qu'en vos strophes de flamme
Sans y lire leurs noms on respire leur âme,
— Comme du flacon d'or ou du jardin fermé
S'épandent les parfums dans un air embaumé! —
Après la villanelle aux étoiles chantée
Donnez-nous le refrain des braves et des forts:
Tu fus Anacréon, poète, sois Tyrtée!
Et que l'œuvre nouvelle, aux quatre vents jetée,
Soit digne de ma France, et digne de tes morts!

ALAIN.

Non. — Ne m'imposez pas, Madame, un trop beau rôle
Qu'il sied de confier à d'autres mieux faisants;
Ce fardeau-là serait bien lourd à mon épaule:
Elle a plié déjà sous la charge des ans.
S'il faut à ce pays un hymne qui l'émeuve
Pour entraîner ses fils à la suprême épreuve,
Allez aux jeunes gens; laissez en paix les vieux:
C'est encore à vingt ans que l'on chante le mieux!
C'est de larmes d'amour qu'alors l'œuvre est pétrie,
Si la bouche a crié, c'est que l'âme étouffait;
Quand même il s'agirait du deuil de la Patrie,
Une femme est au fond de tout ce que l'on fait!
Nous ne savons chanter que si quelqu'un nous aime,
Mais un écho, parfois, répond, — illimité:
C'était pour un baiser qu'on rimait le poème,
Et l'on en est payé par l'Immortalité!

— On ne m'aime plus, moi; voilà la vérité. —
Sur ma tempe où jadis battait la sainte fièvre
Sont, flocon à flocon, descendus les hivers;
Des ivresses d'antan rien ne reste, et ma lèvre
Avec les doux baisers a désappris les vers!

MARGUERITE.

S'il ne faut qu'un baiser pour qu'elle s'en souvienne,
C'est chose trop facile, et qu'à cela ne tienne!
Non, vous n'êtes pas vieux, vous qui parlez ainsi.
J'aime ces grands regrets, ils sont de bon augure;
Plus j'y pense, vraiment, et plus je me figure
Que ce baiser rêvé peut se trouver ici.
Vous êtes un charmeur et vous avez la gloire:
Charme passe jeunesse, et gloire vaut blason;
Alain, votre soleil est loin de l'horizon,
Il faut chanter encore, il faut aimer et croire!
Si haut qu'ose jamais monter votre désir,
Espérez! — Mais, hélas! je n'ai point le loisir
D'être une utile amie : en ces lieux où vous êtes,
Seule, Madame Agnès a charge de nos fêtes;
Et c'est elle qui doit vous mener tour à tour
Aux plus rares beautés dont soit vaine sa Cour.

AGNÈS, *avec entrain.*

Madame, c'est juré! La tâche n'est point rude,
Mais délicate assez : Tant pis! Vous m'aiderez;
Le malheur voulût-il qu'on trouvât une prude,

Qui donc hésitera quand vous demanderez ?
Les poètes souvent s'éprennent de chimères :
S'il a mis son amour dans le pays des sphères,
Nous irons lui chercher, servantes de ses vœux,
Bérénice aux yeux d'or, dont flamboient les cheveux ;
Et s'il lui faut Vénus, l'étoile sans seconde,
Nous la ramènerons de par delà le monde !

ALAIN, *très grave.*

Ne quittez point la Terre ; il n'en est pas besoin !
Vous avez rencontré, sans aller aussi loin,
Celle qui seule peut l'impossible miracle,
Et dont j'orne en secret l'adoré tabernacle !
Je me suis tu. Personne en ce Louvre moqueur
N'a rien su, ne sait rien de mon audace folle ;
Mais, dût me foudroyer le courroux de l'idole,
Je suis tout fier d'avoir placé si bien mon cœur !
Jamais elle n'a pu soupçonner que je l'aime,
Que je baise le sol qu'ont effleuré ses pas ;
Et si je parlais d'elle en face d'elle-même
Son limpide regard ne se troublerait pas !
Avec des traits d'enfant, un front de vierge sage,
De la femme parfaite elle a les majestés,
Et rien que pour l'avoir reflétée au passage,
L'œil en reste, à toujours, imprégné de clartés.
Elle met de sa grâce un peu sur toutes choses ;
On se dit, — tant elle est blanche sous le ciel bleu, —
Que, de toutes les fleurs dont se réjouit Dieu,

Elle est le lis royal dans le jardin des roses!
Chaste, elle ne sait pas ce que c'est qu'un aveu.
Elle est si transparente et pure, qu'elle semble
Quelque bel ange, — Trône et Vertu tout ensemble, —
Envolé jusqu'à nous du Paradis natal,
Et qu'on rêve pour elle une tour de cristal!
Elle est exquise en tout : savante, brave, belle :
Charles, duc d'Orléans, et Jeanne la Pucelle,
— Ma sainte et mon seigneur, mes cultes d'autrefois, —
Mélange merveilleux, me sont rendus en elle!
On prend pour en parler une plus tendre voix;
A ses tout petits pieds la calomnie expire;
Déjà l'aimer est fou : la nommer serait pire;
Et c'est dans cette enfant que, vieillard insensé,
J'incarne, malgré tout, mes regrets du passé!
Oh! oui, si celle-là voulait! et si sa bouche
Se posait seulement sur ma lèvre farouche;
Oh! si par celle-là je retrouvais un jour,
Fût-ce pour un éclair, la saveur de l'amour :
Comme un dieu de granit éveillé par l'aurore
L'âme du vieux soldat pourrait chanter encore!

AGNÈS

Quel est donc ce phénix que vous seul connaissez?
Vous en avez dit trop pour que ce soit assez.
Nous voulons vous aider, mais aidez notre zèle :
Est-elle grande dame ou simple damoiselle?
Est-ce d'ébène ou d'or que sont faits ses cheveux?

Tout en restant discret, ne pouvez-vous peut-être
Par quelque adroit détour nous la faire connaître, —
Ou deviner, du moins?

ALAIN, *avec résolution.*

Eh bien! soit : je le veux!

MARGUERITE, *inquiète.*

Vous avez tort, Agnès, d'écouter ces aveux...

ALAIN.

Ce n'est plus moi qui parle! — Au duc Charles, mon maître,
Le hasard a voulu qu'un jour on demandât
Quelle était, des hauteurs où monte l'âme humaine,
Gloire, Douleur, Amour, la cime souveraine?
— « Il n'est, répondit-il, honneur que de soldat,
« Larmes que de poète, — et baiser que de reine! »

AGNÈS, *effrayée, se levant.*

Alain!

MARGUERITE, *froidement.*

Le duc, étant issu de sang royal,
A, — s'il a dit cela, — dit ce qu'il devait dire :
Vous nous le répétez, et l'on pourrait sourire,
Mais je n'en ferai rien, car vous êtes loyal.
Je ne suis que Dauphine, et pour un temps, je pense ;
Et, n'étant point en jeu, n'y puis voir nulle offense.

Si donc vous ne louez ni ne vengez vos morts,
J'en aurai des regrets, mais non point des remords.
— Nous savons désormais où trône cette belle :
La Reine a nom « Marie ; » elle est fort loin d'ici ;
Reste Madame Agnès, — quelque peu reine aussi. —
Je vous laisse tous deux ensemble ; puisse-t-elle,
Plus heureuse que moi qui n'ai rien obtenu,
Alain, vous rappeler au devoir méconnu ;
Quoique vous me causiez une peine mortelle,
Vous n'en avez pas moins bien fait d'être venu !

S'interrompant, et voyant Alain chanceler.

Mais, vous semblez tout pâle et tout chancelant, Maître ?
C'est un peu de fatigue, ou de fièvre peut-être ;
Reposez-vous. — Pour moi, je vais à Saint-Denis
Au-devant du Dauphin : les exils sont finis.
Je pars dans un instant et veux un beau cortège ;
Qui nous aime y sera...

Elle sort.

SCÈNE III

AGNÈS, ALAIN.

AGNÈS.

Qu'avez-vous fait, Alain!

ALAIN.

L'heure vient, tôt ou tard, où le vase trop plein
Déborde. — Et puis, à qui la faute?

AGNÈS.

Me doutais-je
Qu'à des aveux pareils vous seriez entraîné?
Et moi qui n'ai rien vu, qui n'ai rien deviné!

ALAIN.

Mais elle! cette chère et droite créature,
Comme elle a bien compris, dès le premier moment,
Que de son doux portrait j'ébauchais la peinture,
Et vu sous le poète apparaître l'amant!

Sa peur de trop savoir se trahissait, mêlée
Au désir d'épeler le beau livre entr'ouvert;
Et je tremblais d'oser, comme aux matins d'hiver
On hésite à fouler la neige immaculée!
Conduire une âme neuve à l'éternel vainqueur,
Peut-on imaginer plus adorable chose?
Le rossignol entend ce que chante la rose,
Et moi, je m'enivrais du trouble de son cœur!
Saurait-il, son Dauphin, ce prince tout de bronze,
— Fasse Dieu qu'il soit bon s'il devient Louis Onze, —
Près d'un être naïf et qu'il faudrait charmer,
Trouver les mots profonds et doux qui font aimer?
Sait-il le premier vers de l'immortel poème?
Je suis, moi, l'ouvrier qui défriche et qui sème
La terre, vierge encore, où le grain doit germer,
Et qui passe! — Bientôt une moisson superbe
Montera du sillon dans la gloire du jour:
— Quand ces ouvriers là sont des semeurs de verbe,
Dans l'âme qui s'ignore ils font germer l'amour!

AGNÈS

Il faut à toute chose un rayon pour éclore,
Et rien ne saurait vivre à l'ombre d'un palais.
Il fait froid, il fait noir ici; l'air est mauvais:
La fleur s'y flétrit vite, — et l'âme plus encore!

ALAIN

Et c'est vous, plus aimée et plus belle toujours,

C'est vous qui blasphémez les royales amours!
— Et moi, je vous réponds : Agnès, soyez bénie
D'avoir été pour nous un bienfaisant génie;
Qu'il vous soit pardonné, Dame de Bon Secours!
Au prix de votre honneur vous rachetiez le nôtre;
La maîtresse n'a fait que préparer l'apôtre :
Vous nous preniez un prince, et nous rendiez un roi!

AGNÈS

Mais, à lutter sans fin, toute force se brise;
Marguerite elle-même en secret me méprise :
Elle a raison; la loi, même injuste, est la loi;
Et vous seul m'aurez fait, malgré mon infamie,
La sainte charité d'une parole amie!

ALAIN

C'est que je me souviens du jour où votre amant
Vint à Reims, et c'était pour son Couronnement!
De ce jour où, tandis qu'aux flèches dentelées
Les cloches balançaient leurs plus larges volées,
Souriant aux noëls, suivi de tourbillons
De fer, et salué des drapeaux en haillons,
Trois fois sacré : par Dieu, l'Amour et la Victoire,
J'ai vu mon Roi passer dans un fracas de gloire!

AGNÈS

S'il suffisait, pourtant, de votre grande voix

Pour que le bien-aimé se souvînt d'autrefois?
C'est un cœur faible, Alain, mais ce n'est point un lâche;
A nous deux, nous pouvons recommencer la tâche :
Sauvez-le, sauvez-nous, poète, ayez pitié!
Regardez la Patrie, elle est morte à moitié;
Elle est à bout de force, elle râle, elle pleure,
Et les vautours sont là, tout prêts, épiant l'heure :
Car le sang coule à flots, et depuis trop longtemps!
Car cette guerre-là dure depuis cent ans!
— Il vous faut, dites-vous, des amours souveraines?
Prenez la France! Elle est plus reine que les reines!

ALAIN

Je ne puis rien. — Je suis trop horriblement las!
J'ai hâte d'avoir fait l'étape tout entière,
Et d'arriver au gîte où sonnera le glas.
Ceux-là, du moins, qu'on a menés au cimetière
Bien noués dans les plis de leur suaire épais,
Sont aveugles et sourds : ils ont la grande paix!

AGNÈS.

C'est votre dernier mot? Madame Marguerite
Vous dira le vrai nom qu'un tel refus mérite.

ALAIN.

Oh! non; je pars!

AGNÈS, *regardant à la cantonade.*

Trop tard, malheureux! La voici,
Et selon son désir, brillant est le cortège.

ALAIN.

Honte! Me retrouver en face d'elle ainsi!

AGNÈS, *comme frappée d'une idée subite.*

Eh bien! laissez-vous faire, et qu'un Dieu nous protège!

Montrant le banc.

Vite, mettez-vous là; vous êtes si tremblant
Que vous me désarmez. — Allons, faites semblant
De dormir : plus un mot!

Sur un dernier geste d'Alain.

Mais dormez donc, vous dis-je!

SCÈNE IV

AGNÈS, ALAIN, *sur un banc. Entre* MARGUERITE *suivie d'une nombreuse figuration.*

MARGUERITE, *sans voir Alain.*

Venez-vous point, Agnès?

AGNÈS, *baissant la voix.*

Oh! Madame, un prodige!
Il dort!

MARGUERITE.

Qui donc cela?

AGNÈS.

Votre poète : Alain ;
A peine seuls, le temps que notre chapelain
Met à messer le Roi — (ce qui, s'il faut tout dire,
N'était point trop galant de sa part), — le beau sire,
Après s'être couché sur le banc que voilà,
S'est endormi. — Quant à Madame Agnès, elle a
Respecté son repos.

MARGUERITE.

Bien vous fîtes, ma belle :
Au poète souvent le sommeil est rebelle ;
Mais aussi c'est pour lui, quand par fortune il dort,
Que les songes bénis ouvrent la porte d'or.

AGNÈS.

A ce sujet, Madame, il me vient une idée !

MARGUERITE.

Dites.

AGNÈS, *semblant hésiter.*

Vous allez voir que je serai grondée :
Si j'étais que de vous, Madame...

MARGUERITE.

Eh bien, quoi donc ?

AGNÈS, *même jeu.*

Ce baiser qu'il voulait...

MARGUERITE.

Continuez.

AGNÈS, *même jeu.*

Pardon !
Mais je crois...

MARGUERITE, *insistant.*

Vous croyez?

AGNÈS, *se décidant.*

Je crois qu'à votre place
Je le lui donnerais! Voilà bien de l'audace;
Mes avis, — monstrueux quoique bien innocents, —
Ne pourraient, s'il veillait, vous trouver qu'indocile;
Mais un homme endormi! C'est bien moins difficile!

MARGUERITE.

Sur ma parole, Agnès, vous perdez le bon sens!

AGNÈS.

Qu'importe une folie, alors qu'elle est féconde?
Comprenez-moi, Madame; éloignez tout ce monde;
Plus de regards gênants, de propos indiscrets;
Aucun risque à courir; partant, point de regrets.
Péché voilé n'est plus que faute vénielle:
Hors moi, pas de témoins, et je ne compte pas;
Alain saura l'affaire au réveil, et, tout bas,
Nous lui ferons jurer, de par la kyrielle
Des confesseurs défunts, la Bible sous la main,
D'être heureux en secret, de garder le silence;
Les beaux vers qu'il fera! Je les aime d'avance!

MARGUERITE, *railleuse.*

Croyez-moi, faisons mieux: restons à mi-chemin.

Quand nous serons ici seules et portes closes,
Que peut servir d'aller jusques au bout des choses?
A quoi bon ce baiser, puisqu'il dort? — Non; demain
Vous le prendrez à part, et puis, en grand mystère,
Quand il aura juré, comme il faut, de se taire,
Vous lui direz : C'est fait! — Et ce sera charmant!
Même, une fois fini votre grand compliment,
Vous pourrez, entre vous, railler ma courte honte;
Et je m'en serai, moi, tirée à meilleur compte.

AGNÈS, *s'oubliant un peu.*

Oh! Madame, il faut être honnête!

MARGUERITE, *sévèrement.*

En vérité!
J'ai peur, Madame Agnès, de quelque perfidie,
Et, si c'est un complot, je vous trouve hardie!
Pesez mieux vos conseils, car mon honnêteté,
A moi, vous en voudrait d'un zèle qui s'égare,
Si je ne savais pas quel abîme sépare
Les femmes comme moi des Dames de Beauté!
Je pense avoir assez renom de prud'hommie,
Et, Dieu grâce, être aussi d'assez bonne maison
Pour m'inquiéter peu, — sachez cela, ma mie, —
Quand je crois bien agir, d'avoir tort ou raison.
Je dédaigne et je laisse à mes filles suivantes
Les compromis douteux et les pudeurs savantes;
Si de détours pareils quelque autre a le loisir,

S'il lui faut le secret, qu'à sa honte elle en use!
Lorsqu'on est qui je suis, on se passe d'excuse:
Aux mal-contents on dit: « Tel est mon bon plaisir! »
Et n'ayant dans le cœur que des choses loyales,
On fait royalement des actions royales!

AGNÈS.

Ah! nulle ne vous vaut, Madame! Pardonnez
Si j'ai cru, — n'est-ce pas que vous me comprenez? —
Voir la pâle lueur d'un rayon d'espérance;
Mais j'aime le roi Charle!

MARGUERITE, *d'une voix contenue.*

Et moi, j'aime la France!

Haut.

Écoutez tous! Et vous, Agnès, — eh bien, merci!

Elle s'approche d'Alain qui semble toujours dormir, et se place à hauteur de sa tête. — Agnès passe derrière le banc. — Toute la figuration descend la scène et les entoure à distance.

Toi qui dors, — car tu dors, n'est-ce pas? et j'admire
Le merveilleux sommeil où je te trouve ici, —
Seul tu n'entendras pas ce que je vais te dire,
Mais mieux vaut pour tous deux qu'il en puisse être ainsi.
Le dernier tu sauras ce que la Renommée,
De ce banc de hasard te faisant un pavois,
Aura clamé déjà, surprise, à pleine voix;

L'alliance mystique entre nous consommée,
D'autres te l'apprendront pour la première fois!
Pourtant, comme il advient parfois à qui sommeille,
Si de pensers récents ton esprit est hanté,
Peut-être quelques mots, vagues à ton oreille,
Mettront-ils dans ton rêve un peu de vérité.
D'ailleurs, illusion, réalité, mensonge,
Que t'importe, ô dormeur à qui je parle bas?
Si le songe est heureux, sois heureux par le songe :
Laisse-le te bercer, et ne t'éveille pas!

Une pause. — Tous se rapprochent un peu plus. — Après un temps, Marguerite continue :

Maître, l'on m'a conté qu'à l'âge des merveilles,
Lorsque Platon dormait, — enfant aimé du ciel, —
Sur l'Hymette fleuri les divines abeilles
Quittaient la marjolaine et l'hysope vermeilles
Pour venir à sa lèvre y parfumer leur miel!
Ainsi, quand de tes vers le nombre et l'harmonie
En Apollo tous deux nous faisaient frère et sœur,
Sur ta bouche sonore, à leur source bénie,
J'avais rêvé souvent d'en boire la douceur!
Mais tu ne nous disais que l'amour et les roses,
Tu ne glorifiais qu'un fragile plaisir,
Et par souci du monde et des esprits moroses,
J'ai su ne pas céder à mon secret désir.
Or, voici que par toi revient cette pensée,
Et tu sus lui prêter un si rare pouvoir,

Que, du rang périlleux où le sort m'a placée,
Au risque de sembler tout au moins insensée,
Je descends accomplir un austère devoir.
Dans l'œuvre du salut de la France envahie
Je réclame une place ; et ce que je fais là
Me sera pardonné par celui qui brûla,
Pour les purifier, les lèvres d'Isaïe !
C'est ma part de rançon, Maître ! et si mon baiser
Doit remplacer pour toi le tison du prophète,
Qu'entière et jusqu'au bout ta volonté soit faite :
J'accepte le marché qu'il te plut d'imposer !
Oui, devant tous ici, sans mystère ni honte,
Fière de t'obéir, fière qu'on le raconte,
Moi, Dauphine aujourd'hui, demain femme de roi,
— Que tu dormes ou non, — je me penche vers toi !
Je sais ce que je brave, et blâme ou raillerie
Est tout ce que j'attends des jugements divers :
Mais je sens battre en moi l'âme de la Patrie,
Et je veux qu'elle passe et vibre dans tes vers !
Je veux que, grâce à moi, ton souvenir fidèle
S'en aille soulever la pierre des tombeaux
Où dorment les grands morts couronnés d'asphodèle,
Que la Victoire en sorte, et qu'au vent de son aile
Palpitent dans l'azur les vieux plis des drapeaux !
Pour que ta bouche, ami, cessant d'être muette,
Jette l'appel suprême à nos cœurs amollis,
La fille des Stuarts, « La Dame aux Fleurs de-Lys »
La baise...

Marguerite se penche sur Alain, puis se redresse et se dirige vers la porte du fond, suivie d'Agnès et de toute la figuration. — A mesure qu'elle s'éloigne, Alain se soulève et la suit des yeux. — Il tombe à genoux au moment où Marguerite, se retournant une dernière fois avant de disparaître, lui jette ces mots :

— Et maintenant, tu peux chanter, — poète !

RIDEAU

Achevé d'imprimer

le vingt-trois mai mil huit cent quatre-vingt-neuf

PAR ALPHONSE LEMERRE

(Barcel, conducteur)

25, RUE DES GRANDS-AUGUSTINS, 25

PARIS

BIBLIOTHÈQUE NATIONALE DE FRANCE
3 7502 01646446 5

www.ingramcontent.com/pod-product-compliance
Lightning Source LLC
LaVergne TN
LVHW012011160826
845678LV00002B/778

* 9 7 8 2 3 2 9 6 6 9 5 3 3 *